AF198105

Annerose Funke

Kochbuch für Idioten

Kochen leicht gemacht

Verlag: tredition GmbH, Hamburg
ISBN: 978-3-8424-9600-2
Printed in Germany

Bibliografische Information der Deutschen
Nationalbibliothek: Die Deutsche Nationalbibliothek
verzeichnet diese Publikation in der Deutschen
Nationalbibliografie; detaillierte bibliografische Daten sind
im Internet über http://dnb.d-nb.de abrufbar.

27 Jahre lang habe ich meine drei Kinder umsorgt. Katharina, 27, die Revoluzzerin der Familie. Andreas, 26, der Vernünftige. Und Anna, 24, Nesthäkchen und Vegetarierin. Ich habe sie gebadet, gekremt, bekleidet, bekocht, bebackt und bespaßt. All die Jahre tat ich das hingebungsvoll und voller Liebe. Nun, Kleiden und Kremen können sie sich mittlerweile selbst.

Aber die Leidenschaft für das Kochen und Backen haben sie nicht von mir übernommen. Sehr zu meinem Leidwesen. Alle drei Kinder meinen einstimmig: "Wir sind in dieser Hinsicht die totalen Idioten! Lass uns eine Pizza bestellen oder zum Chinesen gehen!"

Seit gut einem Jahr ist nun auch meine Jüngste aus dem Haus. Aber mit dem Auszug der Kinder endet nicht die Fürsorge einer Mutter. Jedenfalls nicht bei mir. Ich möchte ihnen nicht ständig mit Ratschlägen und nützlichen Empfehlungen in den Ohren liegen. Kurzentschlossen habe ich einen guten Teil ihrer Lieblingsrezepte zu einem Buch zusammengefasst. Gut erklärt und leicht nachzukochen. Von Fisch, Fleisch, vegetarisch – ist alles dabei. Eine bunte Mischung.

Ich bin mir sicher, mit dem "Kochbuch für Idioten" entwickeln sie früher oder später die Liebe zum Kochen. Dann lassen sie mein alterndes Mutterherz höher schlagen. Für Koch-Anfänger, Hobbyköche, Koch-Eleven und meine geliebten "Idioten"...

Herzlichst,

Ihre

Annerose Funke

Inhaltsverzeichnis

Barbarie-Entenbrust auf glacierter Weintraubensoße

Der Unterschied der Barbarie-Ente zu anderen Enten ist ihr besonders rotes, mageres Fleisch. Darum nennt man sie auch oft die "magere Ente". Sie hat einen außergewöhnlichen Geschmack und besonders zartes Fleisch. Das macht aus ihr ein Symbol der französischen Kochkunst.

Das Filet, die Entenbrust, wird gegrillt oder in der Pfanne zubereitet. Mit der glacierten Weintraubensoße landen auch Koch-Anfänger einen Treffer bei der Zubereitung von Geflügel.

Die Vorbereitung

Die Entenbrust waschen und trocken tupfen. Mit Salz, Pfeffer und Senf einreiben.

Die Weintrauben waschen und halbieren. Von den Kernen befreien. Die Speisestärke in Wasser auflösen.

Die Zwiebeln schälen. In feine Würfel hacken.

Die Feige waschen. In Scheiben schneiden.

Die Zubereitung

Das Öl in der Pfanne erhitzen. Die Entenbrust von beiden Seiten ca. 6 Minuten anbraten. Dann das Fleisch aus der Pfanne nehmen und ruhen lassen.

Für die Soße die Butter in einer Pfanne erhitzen. Die Zwiebeln und den Zucker dazugeben. Sobald der Zucker flüssig ist, die Weintrauben hinzufügen. Mit dem Geflügelfond ablöschen. Ungefähr zwanzig Sekunden kochen lassen.

Dann sofort die aufgelöste Speisestärke in die kochende Soße gegeben. Ab jetzt darf die Soße nicht mehr kochen. Sonst werden die Weintrauben zu weich und matschig. Mit Salz und Pfeffer abschmecken.

Leg die Entenbrust mit der Hautseite nach oben in den Ofengrill und lass sie ca. 1 Minute knusprig backen.

Die Weintraubensoße auf Tellern anrichten. Mit Schnittlauch bestreuen. Die Entenbrust in Streifen schneiden. Auf der Soße drapieren. Mit den Feigenscheiben dekorieren.

Tipp: Frisches Obst, wie Physalis und Feigen, harmoniert auch sehr gut mit Wildgeflügel oder Wild.

Die Zutaten

500 g Barbarie-Entenbrust
1 Feige
1 EL Speiseöl
1 EL Olivenöl
1 EL Dijon-Senf
Salz, Pfeffer, Zucker, Cayennepfeffer
150 g Weintrauben blau
150 g Weintrauben hell
30 g Zwiebeln
1 EL Butter
½ TL Speisestärke
1 EL Wasser
1 EL Schnittlauchröllchen
150 ml Geflügelfond

Gänsekeule mit Schmorzwiebelsoße

Puten- oder Gänsekeulen sind gerade im Herbst oder zur Winterzeit sehr beliebt. Enten- oder Gänsekeulen sind auch in meiner Familie das Highlight zum Weihnachtsfest.

Beim Vorbereiten und Kochen von Fleisch, Geflügel und Fisch sind aus hygienischen Gründen Schneidbretter aus stabilem Kunststoff Brettern aus Holz immer vorzuziehen. Es ist sehr wichtig, dass der Fleischsaft nicht mit anderen Lebensmitteln in Berührung kommt.

Die Gänsekeule mit Schmorzwiebelsoße ist ein relativ einfach nachzukochendes Rezept auch für Koch-Eleven:

Die Vorbereitung

Die Gemüsezwiebel und die Schalotten schälen und würfeln.

Den Sellerie und den Ingwer schälen.

Die Gänsekeulen waschen und trocken tupfen. Mit Salz und Pfeffer einreiben.

Die Zubereitung

In einer feuerfesten Form das Öl erhitzen. Die Gänsekeulen, das Beifußsträuschen und das unzerteilte Gemüse dazugegeben. Bei 180 °C muss das Ganze ca. 100 Minuten im Backofen garen. Der Backofen muss nicht vorgeheizt werden. Nach Ende der Garzeit nimmst Du die Keulen, den Ingwer und den Beifuß heraus.

Das Bratgefäß auf der Herdplatte erhitzen. Die Zwiebelwürfel hinzufügen. Lösch das Ganze mit dem Rotwein und dem

Geflügelfond ab. Die Soße bei kleiner Hitze ca. 10 Minuten einkochen lassen. Mit Salz und Pfeffer abschmecken. Zum Abbinden der Soße: Die kalte Butter mit dem Schneebesen unterrühren.

Die Keulen in der Soße nochmals auf Temperatur bringen und servieren.

Tipp: Auf dem Teller wirkt es sehr dekorativ, wenn Du die Knochen jeder Keule mit einer Papierkrone abdeckst.

Die Zutaten

4 Gänsekeulen
300 g Schalotten
¼ Knolle Sellerie
¼ Knolle Ingwer
1 EL Speiseöl
Salz, Pfeffer, Beifuß
1 Gemüsezwiebel
1 EL kalte Butter
0,1 l trockener Rotwein
¼ l Geflügelfond

Putenragout mit Gelbwurzelreis

Putenfleisch findet großen Anklang. Besonders bei meinen beiden Mädels. Einerseits ist es sehr mager. Andererseits kannst Du viele Kreationen ausprobieren. Als Alternative zum Schnitzelchen aus der Putenbrust zeige ich Dir ein Putenragout mit Gelbwurzelreis.

Lass dieses Gericht nicht zu lange kochen. Das ist wichtig. Alle Zutaten werden schnell zu weich und der frische Geschmack geht verloren.

Die Vorbereitung

Die Schalotten schälen und fein hacken.

Nun das Obst und den Chinakohl vorbereiten: Die Papaya mit einem Sparschäler schälen und halbieren. Vom Kern befreien. In mundgerechte Stücke schneiden. Den Chinakohl längs halbieren und waschen. In ca. 0,5 cm dicke Streifen schneiden.

Die Banane schälen. In ca. 1 cm dicke Scheiben schneiden.

Die Zubereitung

Den Reis wie auf der Packung angegeben kochen. Anschließend in einem Sieb mit kaltem Wasser abschrecken.

Das Putengeschnetzelte in heißem Öl ca. 5 Minuten scharf anbraten. Die Mu-Err-Pilze hinzugeben. Abschmecken mit: Salz, Pfeffer, Sojasoße, Ingwer und Sambal Oelek. Nun das Geflügel noch einmal ca. 1 Minute braten lassen. Mit den Pilzen aus der Pfanne nehmen.

In der gleichen Pfanne die Schalotten kurz glasig anbraten. Mit Wein ablöschen. Den Geflügelfond und das Crème fraiche hinzugeben. Die Soße muss bei geringer Hitze ca. 1 Minute köcheln. Mit Salz und Pfeffer abschmecken.

In die Soße kommen jetzt die Pilze, das angebratene Fleisch, der Chinakohl sowie die Papaya und die Banane. Das Ganze muss noch einmal ca. 1 Minute köcheln.

Den gekochten Reis in heißer Butter erhitzen. Mit Kurkuma, Salz und Pfeffer würzen. Nicht erschrecken: Die Kurkuma sorgt für eine kräftige gelbe Farbe.

Beim Anrichten bildet der Reis einen Rand. Das Putenragout kannst Du in der Tellermitte platzieren. Ein Koriander-blättchen oder ein Papaya-Streifen am Rand sind die Krönung. Solltest Du keine reife Papaya auf dem Obstmarkt erstehen können, nimm eine saftige Ananas.

Die Zutaten

240 g Putengeschnetzeltes
160 g Basmati-Reis
1 Papaya, 1 Banane
120 g Chinakohl
150 g frische Mu-Err-Pilze
1 TL Butter
2 EL Speiseöl
1 Messerspitze frisch gehackter Ingwer
1 EL Sojasoße
Kurkuma, Sambal Oelek, Salz, Pfeffer, Zucker
50 g Schalotten
100 ml Wein (lieblich)
200 ml Geflügelfond
0,2 l Crème fraiche

Putenrouladen mit Gurkencreme-Dip

Kochen ist keine Zauberei. Kochen ist sehr einfach und macht Spaß!

Die Putenrouladen mit dem leckeren Gurkencreme-Dip sind auch in der warmen Jahreszeit erfrischend und köstlich. Als Beilage empfehle ich Dir frisches Weißbrot oder Salzkartoffeln.

Die Vorbereitung

Die Putenschnitzel dünn klopfen, pfeffern und salzen.

Die Zwiebel schälen. In feine Würfel hacken.

Die Paprikaschote entkernen und waschen. Dann auch in Würfel schneiden.

Die Salatgurke schälen. Mit einer groben Reibe in Streifen raspeln. Diese Streifen vom Wasser trennen: Einfach ausdrücken.

Die Zubereitung

Die Putenleberwurst in einer Schüssel weich rühren. Vermengen mit den Zwiebel- und Paprikawürfeln, den Bröseln und den Preiselbeeren. Die Masse mit Pfeffer, Salz und Muskat abschmecken.

Den Backofen auf ca. 180 °C vorheizen.

Die Putenschnitzel gleichmäßig mit der Masse bestreichen. Mit Speck belegen und zusammenrollen. Fixiere die Rouladen mit Schaschlikspießen.

Die Rouladen ca. 1 Minute von allen Seiten in einer feuerfesten Pfanne anbraten. Anschließend für ca. 10 bis 15 Minuten im vorgeheizten Backofen fertig garen.

In der Zwischenzeit gibst Du zu den Gurkenstreifen: Das Crème fraiche, den Magerquark, das Olivenöl und den Schnittlauch. Mit Salz und Pfeffer würzen.

Nimm die Rouladen aus dem Backofen. Vorsicht: Heiß! Entferne die Spieße. Schneide jede Roulade in Scheiben. Richte sie auf den Tellern fächerartig an. Füge den frischen Gurken-Dip hinzu.

Tipp: Wenn Du in den Gurken-Dip Knoblauch gibst und den Schnittlauch weglässt, hast Du ein perfektes griechisches Zaziki – die ideale Ergänzung auch zu Spezialitäten vom Grill.

Die Zutaten

600 g Putenschnitzel
100 g Putenleberwurst
4 Scheiben Schweinespeck
1 Zwiebel
1 rote Paprikaschote
1 EL Semmelbrösel
1 TL Preiselbeeren
4 Schaschlikspieße
Salz, Pfeffer, Muskat
1 Salatgurke
200 g Crème fraiche
200 g Magerquark
1 Bund Schnittlauch
1 EL Olivenöl

Forelle im Sud gegart mit Dillsoße

Mein Mann Peter ist leidenschaftlicher Hobbyangler. Immer wieder bringt er den einen oder anderen Fisch mit nach Hause. Für eine ganze Mahlzeit für fünf hungrige Mäuler reicht es selten.

Ich nehme die einzelnen Fische aus, säubere sie und froste sie ein. Habe ich genügend unterschiedliche Exemplare in meiner Kühltruhe, bereite ich einen Fischfond zu. Dieser dient für verschiedene Fischgerichte als perfekte Grundlage.

Für den selbst zubereiteten Fischfond kannst Du mehrere Fischarten verwenden. Das rundet das Geschmackserlebnis ab. Du kannst auch Karpfen, Saibling oder Felchen verwenden.

Vor der Zubereitung solltest Du die Forelle zerlegen. Mein Rezept für die gegarte Forelle im Sud ist natürlich auch für einen ganzen Fisch anwendbar. Eine zerlegte Forelle erleichtert das Essen später aber ungemein.

Die Vorbereitung

Du beginnst Deine Vorbereitung mit dem Kochen des Suds: Gemüsebrühe, Wasser, Essig, Wein, Salz, Pfeffer, eine geschälte und halbierte Zwiebel in einem Topf aufkochen.

Die Forellen zerteilen. Mit Salz und Pfeffer würzen.

Die zweite Zwiebel schälen. In feine Würfel hacken.

Den Dill fein hacken.

Nun die Kartoffeln schälen.

Die Zubereitung

Die Kartoffeln in Salzwasser kochen.

Die vorbereiteten Forellen in den heißen Sud legen. Bei schwacher Hitze ca. 15 Minuten gar ziehen lassen.

Die feingehackten Zwiebeln in heißer Butter anschwitzen. Mit Mehl bestäuben. Mit Fischfond auffüllen. Das Ganze mit einem Schneebesen gut glatt rühren. Ungefähr 2 Minuten lang köcheln lassen.

Crème fraiche hinzugeben und den gehackten Dill einrühren. Vor dem Servieren lediglich mit Salz, Pfeffer und Zitronensaft abschmecken.

Tipp: Garprobe für Fisch: Lässt sich die Rückenflosse leicht herausziehen, ist der Fisch fertig gegart! In den Monaten, in denen frischer Dill nicht verfügbar ist, ist gefrosteter Dill eine sehr gute Alternative. Er steht in Sachen Frische und Vitamingehalt dem frischen Dill in nichts nach.

Die Zutaten

4 küchenfertige Forellen, 600 g Kartoffeln
¼ l halbtrockener Weißwein
¼ l Gemüsebrühe
¼ l Wasser
0,2 l Essig
2 Zwiebeln
3 EL geschmolzene Butter
2 EL Mehl
0,4 l Fischfond
1 Becher Crème fraiche
2 Bund Dill, Salz, Pfeffer, Zitronensaft

Gebratener Lachs mit Dill-Gurkengemüse

Fisch ist eine gesunde Alternative zu Fleischgerichten. Wenigstens einmal pro Woche kommt in meiner Familie ein guter Fisch auf den Tisch. Meine beiden fleischfressenden Pflanzen – mein Mann Peter und mein Sohn Andreas – erdulden es tapfer.

Frische Kräuter, besonders Dill und Zitrusfrüchte passen sehr gut zu Fischgerichten. Zitronen, Limonen, Orangen sehen zudem als Dekoration optisch sehr gut auf dem Teller aus.

Achte beim Kauf der Lachssteaks darauf, dass sie aus dem Filet und keine Scheiben vom ganzen Fisch sind.

Die Vorbereitung

Die Kartoffeln schälen.

Die Salatgurke schälen und längs halbieren. Mit einem Löffel entfernst Du die Kerne und schneidest die Hälften in ca. 1 cm dicke Scheiben.

Die Lachssteaks trocken tupfen. In Mehl wenden.

Die Zubereitung

Die Kartoffeln in Salzwasser kochen.

Das Gurken-Gemüse in heißer Butter glasig anbraten. Crème fraiche dazugeben. Lass das Ganze ca. 3 Minuten köcheln. Abschmecken mit: Dill, Salz, Pfeffer, einer Prise Brühe sowie einem Schuss Weißwein.

In einer heißen Pfanne mit Öl die Lachssteaks auf jeder Seite ca. 5 Minuten anbraten.

Schneller und einfacher geht es kaum – Ich wünsche guten Appetit!

Die Zutaten

4 Lachssteaks
1 EL Speiseöl
2 EL Mehl
600 g Kartoffeln
1 Zitrone
1 Salatgurke
1 Becher Crème fraiche
½ Bund Dill
1 TL Butter
1 Schuss Weißwein
Salz, Pfeffer, gekörnte Brühe

Röllchen vom gebeizten Lachs mit Kräuterfüllung

Für dieses Rezept benötigst Du etwas mehr Vorbereitungszeit. Der Lachs muss ca. 24 Stunden in der Beize ziehen. Stell den Lachs dafür möglichst an einen kühlen aber nicht zu kalten Ort. Bei 8 bis 10 °C entfaltet sich der Geschmack am besten.

Als Dekoration sieht ein Dillsträußchen mit Orangenscheiben sehr hübsch aus.

Die Vorbereitung

Tag 1: Für die Beize: Orange, Karotte Sellerie schälen. In kleine Würfel schneiden. Salz, Zucker und Gemüse in einer Schüssel vermengen.

Das Lachsfilet waschen. Mit der Hautseite nach unten in eine Form legen. Den Lachs mit der Beize vollständig ummanteln. Die Form abdecken und 24 Stunden ziehen lassen.

Tag 2: Dill hacken. Mit Sahne und Frischkäse vermengen. Mit Salz, Pfeffer und Muskat würzen.

Kartoffeln waschen und schälen.

Die Zubereitung

Den Fisch am nächsten Tag aus der Beize nehmen. Gründlich abwaschen.

Die Frischkäsemasse auf die Lachsscheiben streichen und zusammenrollen. Anschließend kühl stellen.

Die Kartoffeln kochen. Anschließend in heißer Butter in der Pfanne schwenken.

Die Lachsröllchen und die Kartoffeln auf dem Teller anrichten.

Tipp: Wenn es mal schnell gehen muss, kannst Du auch bereits gebeizten Lachs kaufen. Alternativ kannst Du auch geräucherten Lachs oder geräucherten Heilbutt verwenden.

Die Zutaten

400 g Lachsfilet am Stück mit Haut, ohne Gräten
200 g Frischkäse
500 g Kartoffeln
½ Bund Dill
100 ml süße Sahne
2 EL Butter
1 Orange
200 g Zucker
200 g Salz
1 Karotte
100 g Sellerie
Salz, Pfeffer, Muskat

Salat von geräucherter Forelle und Aal

Den Salat von geräucherter Forelle und Aal kannst Du auch mit Schillerlocken oder Makrelenfilets zubereiten. Ein Bett aus Frisésalat schmeichelt zusätzlich dem Auge.

Zum Salat kannst Du ein frisches Weißbrot oder ein duftendes französisches Baguette reichen.

Die Vorbereitung

Die Karotten schälen und in feine Streifen schneiden.

Von den Zuckerschoten musst Du die Spitzen abbrechen und die Längsfäden abziehen. Jetzt schneidest Du die Schoten in ca. 2 cm breite Stücke.

Die Salatgurke schälen und längs halbieren. Mit einem Löffel die Kerne entfernen. In mundgerechte Stücke schneiden.

Die Paprikaschote waschen und halbieren. Von den Kernen befreien und in kleine Würfel schneiden.

Die Zwiebel schälen, halbieren und halbe Ringe schneiden.

Die Cocktailtomaten waschen und halbieren.

Den Aal und die Forelle häuten und die Gräten entfernen. Beide Fische in mundgerechte Stücke schneiden.

Die Zubereitung

Die Karotten und die Zuckerschoten ca. 3 Minuten blanchieren. Beide Gemüse in Eiswasser abkühlen und abgießen.

Die leckere Marinade bereitest Du aus: Fischfond, Kürbiskernöl, Rotweinessig, Senf und gehacktem Dill.

Jetzt musst Du alles vorsichtig unterheben: Karotten, Zuckerschoten, Salatgurke, Paprikaschote, Zwiebel, Cocktailtomaten und den geräucherten Fisch.

Leichtes Essen – leicht gemacht – bon appétit!

Tipp: Mit einem Sägemesser kannst Du nicht nur Brot und Baguette sondern auch sämtliches Gemüse und Obst viel besser schneiden. Aber sei vorsichtig: Sägemesser können sehr scharf sein! Wo bewahrst Du Deine Pflaster auf? Bei schlimmeren Verletzungen: Die Notaufnahme im Klinikum hat durchgehend geöffnet!

Die Zutaten

100 g Karotten
100 g Zuckerschoten
1 gelbe Paprikaschote
1 rote Zwiebel
100 g Cocktailtomaten
300 g geräucherter Aal
300 g geräucherte Forelle
100 ml Fischfond
1 EL Kürbiskernöl
60 ml Rotweinessig
1 TL mittelschafer Senf
2 EL Dill
Salz, Pfeffer, Zucker

Gebratener Möhrensalat

Möhren sind nur was für Karnickel? Man kann sie nur roh essen, kochen oder dünsten? Wenn Du Dich da mal nicht irrst! Junge Möhrchen sind ganz zart und knackig. Sie sind wunderbar zum Braten geeignet. Ich lasse dabei zwei bis drei Zentimeter von dem jungen Grün an den Möhren. Das sieht lecker aus und verführt zu mehr:

Experimentiere doch einmal mit einem gebratenen Möhrensalat:

Die Vorbereitung

Die Vorbereitungsarbeiten sind ruckzuck erledigt.

Die jungen Möhrchen putzen und mit einem Sparschäler schälen. Belass ruhig etwas Grün am Gemüse. Das Auge isst schließlich mit.

Die Petersilienblättchen von den Stängeln zupfen und fein hacken.

Die Kapern grob hacken. Die Tomaten in Streifen schneiden.

Die Zubereitung

Bereite kochendes Salzwasser vor. Blanchiere die Möhren ca. 6 Minuten. Nicht länger. Sie dürfen ruhig noch bissfest sein. Dann gieß sie ab und lass sie abtropfen.

Nun röste den Sesam goldgelb an. Nebenbei machst Du das Dressing: Öle, Petersilienblättchen und Knoblauch.

Brate die Möhrchen an und lösch sie mit Essig ab. Nun fügst Du die Butter, die Tomaten und den gerösteten Sesam hinzu. Mit Salz und Pfeffer abschmecken. Das Ganze nochmal kurz schwenken: Fertig ist der leckere Möhrensalat!

Richte den Möhrensalat in kleinen Schüsselchen an. Das Dressing kann separat gereicht werden. Biete dazu ein geröstetes Fladenbrot an.

Die Zutaten

800 g junge Möhrchen
40 g geschälte Sesamsamen
1 Bund Petersilie
2 EL Kapern
1 Knoblauchzehe
3 EL Walnussöl
3 EL Olivenöl
2 EL Weißweinessig
2 EL Butter
100 g in Öl eingelegte Tomaten

Salat mit Seelachs

Gerade in der warmen Jahreszeit finden frische Salate immer Liebhaber. Das ist auch in meiner Familie so. Du kannst sie zu einem herzhaften Essen kredenzen. Oder als Beilage zu einem Barbecue servieren. Oder als vollständige Hauptspeise anbieten.

Es ist sehr vorteilhaft, wenn Du knackige Salate der Saison verwendest. Aus der Kategorie "Frische Salate" lege ich Dir heute einen Salat mit Seelachs wärmstens ans Herz:

Die Vorbereitung

Die Schoten gründlich putzen. Die Tomaten fein würfeln.

Die Salatherzen und den Kopfsalat zerpflücken und waschen. In mundgerechte Stücke zupfen.

Die Sprossen waschen und abtropfen lassen. Hast Du eine Salatschleuder im Haus, kannst Du die Zeit des Abtropfens enorm verkürzen. Schleudere die Sprossen in der Salatschleuder.

Die geschälte Zwiebel und den Knoblauch fein hacken.

Bei der Zubereitung von Fisch gilt die Regel der 3 S: Säubern – Salzen – Säuren. Schneide den sauberen Fisch für vier Personen in vier Stücke. Jetzt Salzen, Pfeffern und mit Zitronensaft beträufeln.

Die Zubereitung

Den Backofen auf 120 °C vorheizen.

Zu Beginn blanchierst Du die vorbereiteten Schoten für ca. 2 Minuten. Dann abgießen und kalt abspülen. Durch die kalte Dusche bleibt die kräftige Farbe der Schoten erhalten.

Den vorbereiteten Seelachs in heißem Öl ca. 3 Minuten auf jeder Seite anbraten. Butter hinzu geben und schmelzen lassen. Den angebratenen Fisch packst Du jetzt in Alufolie. Lass den Fisch so vermummt ca. 10 Minuten im Backofen fertig garen.

In der Pfanne mit dem Fischfett dünstest Du jetzt die Zwiebel und den Knoblauch. Mit dem Martini das Ganze ablöschen. Etwas einkochen lassen. Sahne und Essig hinzugeben. Ungefähr 2 Minuten köcheln lassen. Abschmecken mit Salz, Pfeffer und Zitronensaft. Der Salat ist jetzt servierbereit. Dazu kannst Du ein frisches Baguette und einen leichten Weißwein reichen.

Die Zutaten

250 g Zuckerschoten
1 Kopfsalat
2 Romana-Salatherzen
600 g Seelachsfilet
3 EL Zitronensaft
Salz, Pfeffer
2 EL Öl
2 EL Butter
2 Tomaten
1 Handvoll Sprossen
1 Zwiebel
1 Knoblauchzehe
70 ml Martini bianco
150 g Sahne
3 EL weißer Balsamico

Spargelsalat mit Pecorino

Leicht und lecker muss nicht zwangsläufig fad und langweilig sein. Bring Frische auf den Tisch! Bei einem knackigen Salat mit Pfiff greift jeder gern noch einmal zu.

Ich präsentiere Dir den Lieblingssalat meiner jüngsten Tochter Anna: Pikanter Spargelsalat mit Pecorino-Käse mit nur ca. 34 g Fett pro Person:

Die Vorbereitung

Den Spargel waschen, die holzigen Enden abschneiden. Da grüner Spargel ein sehr zartes Gemüse ist, musst Du ihn nicht schälen. Super, oder? Gründlich waschen reicht aus.

Den Knoblauch schälen. Durch eine Knoblauchpresse drücken.

Die Tomaten waschen und halbieren.

Die Frühlingszwiebeln putzen, in feine Ringe schneiden.

Den leckeren Pecorino-Käse in grobe Späne hobeln.

Die Pinienkerne nur leicht anrösten. Schon sind die Vorbereitungsarbeiten beendet.

Die Zubereitung

Den vorbereiteten grünen Spargel schneidest Du in ca. 4 cm lange Stücke. Dann garst Du ihn in einem Dämpfeinsatz für ca. 5 Minuten. Hast Du keinen Dämpfeinsatz, blanchierst Du den Spargel einfach. Anschließend kalt abspülen und abtropfen lassen.

Kommen wir zum Dressing. Nichts einfacher als das: Die Öle, der Zitronensaft, der Essig, der Honig und den Knoblauch in einer Schale verrühren.

In einer großen Salatschüssel vermengst Du vorsichtig alle Zutaten mit dem Dressing. Die gerösteten Pinienkerne drüber streuen.

Tipp: Pinienkerne sind nicht nur lecker, sie machen auch schlank. Sie sind zwar auch sehr fettreich, aber bei Weitem nicht so sehr wie Nüsse.

Die Zutaten

1 kg grüner Spargel
500 g gelbe und rote Cocktailtomaten
1 Bund Frühlingszwiebeln,
150 g Pecorino
40 g Pinienkerne
3 EL Olivenöl
3 EL Walnussöl
6 EL Zitronensaft
2 EL Rotweinessig
1,5 EL Honig
1 Knoblauchzehe
Salz, Pfeffer

Thai-Möhrensalat

In der warmen Jahreszeit kommen bei uns immer frische Salate auf den Tisch. Du kannst sie zu einem würzigen Dinner reichen. Oder als Beilage zu einem Barbecue servieren. Oder auch als vollständige Hauptspeise präsentieren. Als Liebhaber der exotischen Küche zeige ich Dir heute den Lieblingssalat meines Mannes Peter: Thai-Möhrensalat:

Die Vorbereitung

Die Vorbereitung für den köstlichen Salat ist im Nu erledigt.

Den Ingwer gründlich schälen und fein hacken.

Die Erdnüsse nur grob hacken.

Die Knoblauchzehe schälen und durch eine Knoblauchpresse drücken.

Die Möhren und die Mango schälen. In möglichst hauchzarte Streifen schneiden.

Den Koriander waschen und trocken schütteln. Die Blätter abzupfen.

Die Zubereitung

Für die komplette Zubereitung des Thai-Möhrensalates benötigst Du nicht länger als ca. 20 Minuten. Vermenge den vorbereiteten Ingwer, den Knoblauch, den Limettensaft, den Zucker, das Öl, die Fischsauce, die Erdnüsse und die Chiliflocken. Das Ganze mit Salz abschmecken.

Richte nun die feinen Streifen der Mango und der Möhren auf den Tellern an. Beträufel sie mit den restlichen Zutaten. Garniere diese Leckerei mit den Korianderblättchen.

Tipp: Die Wunderknolle Ingwer birgt viele Geheimnisse. Nicht nur in Salaten ist sie sehr lecker. Auch wenn Dich die Sommergrippe wieder erwischt hat, kann sie sehr schnell Abhilfe leisten. Zwei bis drei dicke Ingwerscheiben - mit heißem Wasser überbrüht - ergeben einen herrlichen Tee.

Vergewissere Dich, dass keiner Deiner Gäste an einer Nussallergie leidet. Mit Schrecken denk ich noch an unseren Onkel Karl-Heinz. Ganz furchtbar sah er nach dem Essen aus!

Die Zutaten

2 cm Ingwer
4 EL frisch gepressten Limettensaft
1 EL brauner Zucker
4 EL Öl
2 EL Fischsauce
1 Prise Chiliflocken
2 Knoblauchzehen
Salz
50 g Erdnusskerne
300 g Möhren
1 harte Mango
3 Stiele Koriander

Caprese mit Feigen

Für Obst gibt es viele Verwendungsmöglichkeiten. Du kannst es roh und knackig als leckeren Salat zubereiten. Gefrostet oder aus Konserven zum Dekorieren und Verfeinern verwenden. Du kannst es auch Dünsten, Blanchieren oder Braten.

Eine besondere Köstlichkeit ist die Verbindung zwischen Exotik und geräuchertem Schinken.

Die Vorbereitung

Den Schnittlauch in feine Röllchen schneiden. Verrühre die Röllchen mit dem Öl. Lass diese Mischung ca. 10 Minuten ziehen.

Die Tomaten und Feigen waschen. In dünne Scheiben schneiden.

Den Mozzarella lass abtropfen. Schneide ihn danach in Scheiben.

Tipp: Reife Feigen kannst Du gut an ihrer Festigkeit erkennen. Reife Feigen müssen sich leicht eindrücken lassen. An ihren Stielenden sollten sie etwas schrumpelig aussehen.

Die einzelnen Schinkenscheiben zu kleinen Häufchen raffen.

Die Zubereitung

Für die Zubereitung des Caprese mit Feigen benötigst Du nicht länger als ca. 20 Minuten.

Richte alle vorbereiteten Zutaten auf einer hübschen, flachen Schale an. Immer abwechselnd: Tomatenscheibe – Feigenscheibe – Mozzarellascheibe und ein Schinkenhäufchen.

Anschließend beträufelst Du den Salat mit Essig und Schnittlauchöl. Mit Salz und Pfeffer würzen. Basilikumblättchen als Krönung auf den Salat verteilen.

Tipp: Wer sich jetzt in die köstliche Frucht aus tropischen und subtropischen Gebieten verliebt hat, kann sie auch im heimischen Garten anpflanzen.

Die Zutaten

1 Bund Schnittlauch
80 ml Olivenöl
2 große Tomaten
2 reife Feigen
1 Kugel Mozzarella
125 g roher, geräucherter Schinken in feinen Scheiben
4 EL Balsamico
Salz, Pfeffer
1 Handvoll Basilikumblättchen

Mariniertes Gemüse

Salate schmecken zum herzhaften Essen, als Beilage zu einem Barbecue oder aber auch als vollständige Hauptspeise. Durch eingelegtes Gemüse in einer selbst angefertigten Marinade erreichst Du einen unübertrefflichen Geschmack.

Aus der Kategorie Gemüse vegetarisch stelle ich Dir heute die Variante des marinierten Gemüses vor:

Die Vorbereitung

Für die Marinade hackst Du den Knoblauch und die Kapern fein. Reibe die Schale einer Zitrone ab und press die Frucht aus. Vermische: Zitronensaft, abgeriebene Zitronenschale und Honig. Gib dazu 2 TL Salz, Pfeffer, 100 ml Öl, den Knoblauch und die Kapern.

Tipp: Viele Feinschmecker vermischen bei einem vegetarischen Salat gern die verschiedenen Öle. Bei mariniertem Gemüse eignen sich Olivenöl und Walnussöl sehr gut.

Die Vorbereitung der beiden Gemüse geht schnell von der Hand. Die Zucchini und die Auberginen waschen und in ca. 1 cm dicke Scheiben schneiden.

Die Zwiebel schälen und fein hacken.

Die Zubereitung

Brate jetzt die Gemüse-Scheiben in heißem Öl an, so dass sie von beiden Seiten gut gebräunt sind. Dann lege sie auf Küchenpapier zum Abtropfen.

Drapiere jetzt die Gemüse-Scheiben in eine flache Schüssel. Übergieße sie mit der vorbereiteten Marinade. Lasse sie ca. 1 Stunde durchziehen.

Richte das marinierte Gemüse mit den fein gehackten Zwiebeln und den Dillspitzen an. Dazu kannst Du ein Vollkornbaguette reichen.

Tipp: Du weißt bestimmt, dass das Baguette eine französische Spezialität ist. Und dass ein Franzose immer mit einem Béret auf dem Kopf und einem Baguette unter dem Arm herumläuft. Aber hättest Du gedacht, dass es sogar ein Baguette-Wettbewerb gibt? Sachen gibt's, ...

Die Zutaten

4 Knoblauchzehen
2 EL Kapern
1 unbehandelte Zitrone
1EL Honig
2 TL Salz, Pfeffer
200 ml Öl
400 g Zucchini
400 g Auberginen
1 rote Zwiebel
½ Bund Dill

Gebratene Hähnchenkeule mit Salat und Knoblauchbrot

Meine Familie ist vom Knoblauch hin und her gerissen. Einerseits lieben wir seinen Geschmack. Wir wissen, dass er sehr gesund ist. Andererseits mögen wir den schlechten Atem am Tag danach nicht. Besonders die Mädels.

Wenn Du beruflich oder privat viel mit Menschen zu tun hast, kannst Du auch andere Beilagen wählen. Ofenkartoffeln und Bratkartoffeln passen ebenso gut.

Die Vorbereitung

Salat putzen und waschen. In eine Schüssel geben.

Die Frühlingszwiebeln in Ringe schneiden. Mit dem Kerbel und den Walnüssen mischen.

Das Baguette der Länge nach halbieren und alle 2 Zentimeter schräg einschneiden.

Die Knoblauchzehen schälen und mit einer Presse in eine Schüssel drücken. Mit Butter, Salz und Pfeffer verrühren.

Die Knoblauchbutter in die eingeschnittenen Zwischenräume des Baguettes streichen.

Die Zubereitung

Den Backofen auf ca. 220 °C vorheizen.

Die Hähnchenkeulen in Butterschmalz ca. 12 Minuten auf jeder Seiter bei geringer Hitze anbraten.

Das vorbereitete Baguette mit Alufolie umwickeln und ca. 20 Minuten im vorgeheizten Backofen backen.

Anschließend das Brot aus der Alufolie nehmen. In einzelne Scheiben zerteilen.

Den Salat in der Schüssel marinieren: Mit Essig, Salz, Pfeffer, Zucker und Walnussöl.

Den Salat auf den Tellern anrichten. Die Keulen dazulegen, die Knoblauchbrote anlegen.

Als Dekoration eignet sich ein Kerbelsträßchen auf dem Salat.

Tipp: Bereite das Dressing für Salate gleich in einer größeren Mengen zu. Du kannst es im Kühlschrank mehrere Tage aufbewahren.

Die Zutaten

4 Hähnchenkeulen
1 Kopf Lollo-Rosso-Salat
1 Bund Frühlingszwiebeln
Kerbel
1 EL Kräuteressig
1 EL Walnussöl
1 EL Butterschmalz
2 EL gehackte Walnüsse
1 französisches Baguette
4 Knoblauchzehen
150 g Butter (Zimmertemperatur)
Alufolie
Salz, Pfeffer, Zucker

Rehkeule mit Honigsoße und Rahmwirsing-Kartoffeln

Beim Braten sind die beschichteten Pfannen und Töpfe sehr beliebt. Mit ihnen kannst Du Dein Gargut mit nahezu ohne Fett braten. Ohne, dass es anbrennt.

Vielleicht hast Du noch keine beschichtete Pfanne oder einen beschichteten Topf. Achte beim Kauf auf die Wärmeleitfähigkeit. Das Gargut wird dann auch wirklich gebraten und nicht gekocht.

Die Vorbereitung

Die Schalotten und die Karotten schälen.

Den Wirsing waschen und in einzelne Blätter zerteilen. Den Strunk entfernen. Die Wirsingblätter in Streifen schneiden.

Die Zubereitung

Die Kartoffeln im Salzwasser ca. 20 Minuten weich kochen und abkühlen lassen. Anschließend in ca. 1 cm große Würfel schneiden.

Die Rehkeule mit Salz und Pfeffer würzen. Ungefähr 1 Esslöffel Öl in einem Topf erhitzen. Darin die Rehkeule von allen Seiten scharf anbraten. Anschließend aus dem Topf nehmen.

Den Backofen auf ca. 200 °C vorheizen.

Die vorbereiteten Schalotten und Karotten mit einem Esslöffel Öl in den Topf geben. Mit dem Rosmarin, Thymian und Majoran kurz anrösten. Tomatenmark und Mehl hinzufügen. Mit Rotwein und Wildfond ablöschen.

Nun den Rehbraten dazulegen und im geschlossenen Topf ca. 1,5 Stunden im Ofen schmoren lassen.

Die Wirsingstreifen in einem Topf ca. 5 Minuten kochen. Anschließend abgießen und mit kaltem Wasser abschrecken.

In einer großen Pfanne die Butter erhitzen. Zwiebelwürfel und den Speck darin goldbraun anbraten. Den Wirsing und die Kartoffeln dazugeben. Mit den Gewürzen abschmecken. Vorsichtig vermengen und mit Sahne abrunden.

Die Soße durch ein Sieb streichen. Mit Honig vollenden und zusammen mit der Rehkeule und den Wirsing-Kartoffeln auf Tellern anrichten.

Tipp: Die Rehkeule kannst Du auch als Rollbraten wickeln. So hast Du nach dem Garen schöne dicke Scheiben auf dem Teller.

In beschichteten Pfannen darf man auf keinen Fall mit einem Messer schneiden. Die Beschichtung kann schnell verletzt werden. Verwende lieber einen Bratwender aus Holz oder Kunststoff.

Die Zutaten

1 kg Rehkeule ohne Knochen
2 EL Honig
¼ l Wildfond
5 Schalotten
3 Karotten
2 EL Tomatenmark
1 EL Mehl
0,1 l Rotwein
2 EL Öl
50 g Zwiebelwürfel
2 EL Butter
1 Wirsingkopf
300 g geschälte Kartoffeln
100 g Speckwürfel
½ Becher süße Sahne
Salz, Pfeffer, Thymian, Rosmarin, Majoran

Seelachsfilets mit Kräuterkruste

Die Seelachsfilets mit Kräuterkruste benötigen relativ wenig Vorbereitungszeit. Ideal bei diesem Gericht ist, dass Du es sehr gut vorbereiten kannst. Erst später beginnst Du mit der Zubereitung.

Dieses Gericht gibt es in meiner Familie jedes Jahr am Heiligen Abend. Ruckzuck vorbereitet und abends serviert.

Die Vorbereitung

Denk an die Regel beim Kochen von Fisch: 3 x S: **Säubern – Salzen – Säuern**. Die Seelachsfilets säubern, salzen und pfeffern. Mit Zitronensaft und Worcestersoße beträufeln, anschließend in Mehl wenden.

Die Karotten schälen und in Stifte schneiden.

Den Lauch putzen und waschen. Dann längs vierteln und auch in Stifte schneiden.

Die Zwiebel schälen und fein hacken. Die Kräuter ebenfalls fein hacken.

Crème fraiche und den Kräuterschmelzkäse mit den Zwiebeln und Kräutern zu einer Masse verrühren.

Die Zubereitung

Die Seelachsfilets in heißem Fett ca. 2 Minuten auf jeder Seite braten. Die Gemüsestifte hinzugeben. Nochmals ca. 3 Minuten auf jeder Seite braten. Anschließend in eine feuerfeste Form legen.

Jetzt den Backofen auf 220 °C vorheizen.

Nun bestreichst Du die Fischfilets gleichmäßig mit der Käsemasse. Das mitgebratene Gemüse danebenlegen.

Die Filets auf die oberste Schiene des Backofens schieben und ca. 6 Minuten goldgelb überbacken.

Als Dekoration kannst Du Dill und die Streifen der Zitronenschale oder Zitronenscheiben nehmen.

Tipp: Der Fisch kann auch gleich auf dem Teller überbacken werden. Der Teller wird dabei jedoch sehr heiß. Hast Du Brandsalbe im Haus?

Als Beilage passt hervorragend Reis.

Die Zutaten

4 Seelachsfilets
2 Karotten
1 kleine Stange Lauch
2 EL Margarine
1 Zwiebel
1 Becher Crème fraiche
2 Ecken Kräuterschmelzkäse
1 Bund Dill
1 Bund Petersilie
2 EL Mehl
Salz, Pfeffer,
Zitronensaft,
Worcestersoße

Truthahnschnitzel in Kräuterpanade mit Paprika-Crème-fraiche-Dip

Den leckeren Crème-fraiche-Dip kannst Du zu allen Kurzbratgerichten reichen. Bei meinen Kindern kommt er besonders bei Grillgerichten sehr gut an.

Als Beilage kannst Du Bratkartoffeln oder Weißbrot anbieten.

Die Vorbereitung

Die Truthahnschnitzel musst Du flach klopfen. Mit Salz und Pfeffer würzen.

Vom Toastbrot schneide die Rinde ab. Zerreibe das Brot in der Hand in feine Krümel. Die Krümel in einem tiefen Teller mit den Kräutern vermischen.

Die Eier in einen tiefen Teller aufschlagen. Mit einem Schneebesen oder einer Gabel verquirlen. Das Mehl in einen anderen tiefen Teller geben.

Die Truthahnschnitzel mit Mehl, Ei und Kräuterbröseln panieren. Genau in dieser Reihenfolge.

Die Paprika waschen. Das Kerngehäuse entfernen. In feine Würfel schneiden.

Die Zwiebel schälen. In feine Würfel hacken.

Die Zubereitung

Das Öl in einer Pfanne erhitzen. Die Schnitzel ca. 5 Minuten auf jeder Seite goldbraun braten.

In eine Schüssel geben: Die gewürfelte Paprika, die Zwiebeln, Crème fraiche und ein Schüsschen Cognac. Alles verrühren und mit Salz, Pfeffer und Paprikagewürz abschmecken.

Die Truthahnschnitzel zusammen mit dem Paprika-Dip und einem Kresse-Sträußchen auf den Tellern anrichten.

Tipp: Die Truthahnschnitzel kannst Du prima in einem Gefrierbeutel flachklopfen. Das erspart Dir die Putzkolonne nach dem Kochen in der Küche.

Die Zutaten

4 Truthahnschnitzel
8 Scheiben Toastbrot
2 Eier
3 EL Mehl
3 EL Schnittlauchröllchen
3 EL gehackte Petersilie
1 Bund gemischte, gehackte Kräuter
2 EL Olivenöl
30 g Zwiebeln
1 Becher Crème fraiche
1 rote Paprikaschote
1 TL Cognac
Salz, Pfeffer, Paprikagewürz

Gefüllte Tomaten auf gedünstetem Lauchgemüse

Die Tomaten solltest Du ohne große Verluste füllen. Dafür benötigst Du etwas Fingerfertigkeit. Dennoch kann die eine oder andere Tomate kaputt gehen. Es ist immer ratsam, Du hat noch eine in Reserve.

Die Vorbereitung

Von den Fleischtomaten das Strunkende abschneiden. Mit einem Löffel vorsichtig die Kerne herausholen. Verletzte dabei das Tomatenäußere nicht.

Den Tofu in ca. 1 cm große Würfel schneiden. Marinieren mit: Sojasoße, Salz, Pfeffer, Muskat und Knoblauch.

Die Mozzarella-Kugeln in Scheiben schneiden.

Den Lauch waschen. In Streifen schneiden.

Die Zubereitung

Den Reis in einem Topf mit Wasser ca. 18 Minuten kochen. Dann abgießen. Mit kaltem Wasser abspülen.

Den Backofen auf ca. 180 °C vorheizen.

Die Tofu-Masse mit dem Reis vermengen. Das Tofu-Reis-Gemisch in die Tomaten einfüllen. Vorsichtig eindrücken. Mit den Mozzeralla-Scheiben abdecken.

Die gefüllten Tomaten in einer feuerfesten Form dicht aneinander stellen. Im Backofen ca. 15 Minuten lang garen lassen.

In der Zwischenzeit Butter in einer Pfanne erhitzen. Die Lauchstreifen darin bei geringer Hitze ca. 10 Minuten dünsten. Mit Salz und Pfeffer würzen. Das Lauchgemüse mit den gerösteten Sonnenblumenkernen verfeinern.

Das Lauchgemüse auf Tellern anrichten. Die Tomaten darauf setzen.

Die Zutaten

4 große Fleischtomaten
300 g Tofu
150 g Reis
0,1 l Sojasoße
2 Stangen Lauch
80 g geröstete Sonnenblumenkerne
1 EL Butter
2 Kugeln Mozzarella
Salz, Pfeffer, Muskat, Knoblauch

Kürbissuppe

In den Herbstmonaten serviere ich gern kräftige Suppen. Mein Mann Peter und mein Sohn Andreas mögen sie besonders. Eine Kürbissuppe schmeckt nicht nur lecker, sie ist auch sehr gesund.

Vom Kürbis den Deckel abschneiden. Den Kürbis aushöhlen. Die fertige Suppe einfüllen. Das wirkt sehr dekorativ und die Suppe bleibt im Kürbis lange heiß.

Vor dem Aushöhlen des Kürbisses sollten sich die "Aushöhler" über den späteren Verwendungszweck des Kürbisses einig sein. Ein Kürbis mit geschnitztem Gesicht eignet sich NICHT für das Servieren einer Suppe!

Die Vorbereitung

Den Kürbis aufschneiden und entkernen. Das Kürbisfleisch in ca. 2 cm große Würfel schneiden.

Die Zwiebel schälen. Dann halbieren und in Scheiben schneiden.

Die Knoblauchzehe schälen. Dann durch die Knoblauchpresse drücken.

Die Blutorange von der Schale befreien. In dünne Scheiben schneiden.

Die Zubereitung

In einem Topf die Butter erhitzen. Darin vermengen: Kürbisfleisch, 200 g Frischkäse, Gemüsebrühe, Sahne, Zwiebel und den Knoblauch.

Den Topf mit dem Wasser auffüllen. Das Ganze ca. 30 Minuten lang köcheln lassen. Nach Ende der Garzeit das Ganze mit einem Pürierstab mixen. Mit Salz, Pfeffer und Muskat würzen. Hast Du keinen Pürierstab, tut ein Kartoffelstampfer gute Dienste.

Die Pinienkerne in einer Pfanne ohne Fett goldbraun anrösten. Separat in Schälchen füllen: Die gerösteten Pinienkerne, die restlichen 100 g Frischkäse und die Blutorangenscheiben. So kann sich jeder Gast seine Suppeneinlage selbst kombinieren.

Tipp: Diese Kürbissuppe ist der Renner auf jeder Halloween-Party. Ganz besonders, wenn Du sie im Kürbis servierst.

Die Zutaten

1 kg Speisekürbis
300 g Frischkäse
¼ l Gemüsebrühe
¼ l Wasser
1 Blutorange
1 Becher süße Sahne
1 Zwiebel
1 EL Butter
100 g Pinienkerne
½ Zehe Knoblauch
Salz, Pfeffer, Muskat

Pilz-Rahmragout

Meine jüngste Tochter ist Vegetarierin. Dieses Pilz-Rahmragout liebt sie ganz besonders. Nicht immer sind Austernpilze, Champignons und Pfifferlinge frisch erhältlich. Dann kannst Du auch gefrostete Pilze verwendet werden. Diese sind immer verfügbar und stehen ihren frischen Kollegen in nichts nach.

Die Vorbereitung

Die Pilze musst Du nur bürsten. Anschließend vierteln.

Die Zwiebeln schälen. In feine Würfel hacken.

Die Zubereitung

Butter in einer großen Pfanne erhitzen. Die Zwiebeln goldgelb anschwitzen lassen. Die Pilze hinzufügen. Mit Salz, Pfeffer, Muskat und dem Gemüsebrühwürfel würzen. Das Ganze ca. 5 Minuten lang anbraten.

Die Sahne hinzugeben. Mit Wein ablöschen.

Das Pilzgemüse mit Mondamin abbinden. Kurz aufkochen lassen.

Die Pilze in tiefen Tellern anrichten. Mit Schnittlauch bestreuen.

Als Beilage kannst Du Semmelknödel servieren.

Tipp: Über das Gericht kannst Du sehr gut frischen Trüffel hobeln.

Die Zutaten

500 g Austernpilze
500 g Champignons
500 g Pfifferlinge
2 Zwiebeln
2 EL Butter
1 Becher süße Sahne
1 gehäufter TL Mondamin
0,2 l Weißwein
4 EL Schnittlauchröllchen
Salz, Pfeffer, Muskat, Gemüsebrühwürfel

Schweinefilet im Kartoffelmantel auf buntem Salat

Für die Vorbereitung der Schweinefilets im Kartoffelmantel und den bunten Salat benötigst Du etwas mehr Zeit. Plane daher großzügig. Dann bringst Du das leckere Mahl Deinen Gästen punktgenau auf den Tisch.

Die Vorbereitung

Die Schweinefilets unter fließendem Wasser waschen. Anschließend mit einem Küchenpapier trocken tupfen.

Die Silberhaut am Schweinefilet mit einem scharfen Messer vorsichtig entfernen. Verletz Dich nicht! In ca. 3 cm dicke Scheiben schneiden. Mit Salz, Pfeffer und Knoblauch einreiben.

Den Chicorée und den Friesésalat vom Stiel befreien. In mundgerechte Blätter zerteilen. Den Salat waschen. In einem Sieb abtropfen lassen.

Von der Paprikaschote den Stiel entfernen. Die Frucht halbieren und entkernen. Dann in feine Würfel schneiden.

Ich habe mit meiner Revoluzzerin lange Diskussionen geführt, ob eine Paprikaschote ein Obst oder ein Gemüse ist. Nun veröffentliche ich es hier für Alle: Alles, was aus einer Blüte wächst, ist Obst. Zum Beispiel: Paprika, Apfel, Gurke, Pflaume, Tomate. Alles was **nicht** aus einer Blüte wächst, ist Gemüse. Zum Beispiel: Spargel, Kartoffel, Möhre, Kohlrabi, Salat. Ende der Durchsage!

Die Frühlingszwiebeln in ca. 0,5 cm breite Ringe schneiden. Dann waschen und im Sieb abtropfen lassen.

Für die Vinaigrette: Zwiebeln schälen und fein hacken. Ingwer und Petersilie untermischen. Verrühren mit: Rotweinessig, Zitronensaft, Olivenöl, Salz, Pfeffer und Zucker.

Die Kartoffeln schälen. Dann mit einer Kartoffelreibe reiben. Reibst Du Dir die Fingerkuppen blutig, umwickel sie mit Pflaster. In der Hand die Kartoffelmasse ausdrücken und mit den Eiern in eine Schüssel geben. Mit Salz, Pfeffer und Muskat würzen.

Die Zubereitung

In der Pfanne ca. 2 EL Öl erhitzen. Die Schweinefilets darin von beiden Seiten ca. 40 Sekunden kräftig anbraten. Das Fleisch anschließend aus der Pfanne nehmen und ruhen lassen.

Die Schweinefilets mit der Kartoffelmasse umhüllen. Die Masse dabei fest andrücken. Olivenöl in einer Pfanne erhitzen. Die umhüllten Schweinefilets darin von beiden Seiten ca. 2 Minuten goldbraun anbraten. Die Filets auf einem Küchenpapier kurz ruhen lassen.

Den Salat auf Tellern anrichten. Die Paprikawürfel und Frühlingszwiebeln darüber streuen. Mit der Vinaigrette übergießen.

Die Schweinefilets an den Salat arrangieren.

Tipp: Ersatzweise kannst Du auch jedes andere Filet verwenden. Hasenfilet oder Hähnchenbrustfilet eignen sich ebenso gut.

Die Zutaten

500 g Schweinefilet
180 g geschälte Kartoffeln
2 Eier
1 Bund Frühlingszwiebeln
1 Chicoréesalat
½ Kopf Frisésalat
80 g rote Paprikaschote
4 EL Olivenöl
30 g Zwiebeln
2 TL Rotweinessig
1 Messerspitze fein gewürfelter Ingwer
1 EL gehackte Petersilie
Zitronensaft, Salz, Pfeffer, frisch gehackter Knoblauch,
Muskat, Zucker

Gedünstete Hähnchenbrust auf Risotto

Für dieses Gericht kannst Du auch Hähnchenbrust mit Knochen kaufen. Du kannst das ganze Stück im Ganzen zubereiten. Anschließend kannst Du die Filets ganz einfach auslösen.

Bei einem Risotto sind Abwandlungen aller Art möglich. Du kannst sogar Pilze oder Gemüse hierfür verwenden.

Die Vorbereitung

Den Reis waschen. Dann abtropfen lassen.

Die Zwiebeln schälen. In feine Würfel hacken.

Das Gemüse waschen. In feine Streifen schneiden.

Die Hähnchenbrüste mit Salz und Pfeffer würzen.

Die Zubereitung

Die Hälfte der Butter in einem Topf erhitzen. Die Zwiebeln darin glasig andünsten. Dann Reis, Knoblauch und die Öle hinzugeben. Das Ganze anschwitzen lassen.

Die Fleischbrühe zum Kochen bringen. Nach und nach zu dem Reis geben. Hier liegt in der Ruhe die Kraft: Erst wieder Brühe angießen, wenn der Reis die Flüssigkeit aufgesaugt hat. Ab und zu umrühren. Dann brennt nichts an.

Die ganze Brühe peu à peu vollständig vom Reis aufsaugen lassen. Dann den Weißwein angießen (Garzeit insgesamt ca. 25 Minuten). Nach Ende der Garzeit den Parmesan und die restliche Butter unterheben. Mit Salz und Pfeffer würzen.

Das vorbereitete Gemüse in einen Topf geben. Die Hähnchenbrüste legst Du obenauf. Das Ganze mit Geflügelfond und Weißwein angießen. Die Kräuterbutter dazugeben. Den Topf zudecken. Das Gericht ca. 20 Minuten leicht köchelnd dünsten.

Auf den Tellern zuerst das Risotto dann die Gemüsestreifen legen. Obenauf die Hähnchenbrust anrichten.

Die Zutaten

4 Hähnchenbrustfilets
1 Stange Lauch
2 Karotten
½ Knolle Sellerie
½ Bund Mangold (Blätter)
1 EL Kräuterbutter
100 ml Geflügelbrühe
300 ml trockener Weißwein
75 g Zwiebeln
250 g Risotto-Reis
1 Knoblauchzehe
2 EL Butter
1 EL Olivenöl
1 EL Wallnussöl
750 ml Fleischbrühe
50 g frisch geriebener Parmesan
Salz, Pfeffer

Kalbsrückenschnitzel, gefüllt mit Speck und Pfifferlingen

Als Beilage für die gefüllten Kalbsrückenschnitzel empfehle ich Dir einen schönen Salat und Weißbrot.

Die Füllung der Kalbsrückenschnitzel kannst Du sogar für Fisch und für Geflügel verwenden.

Die Vorbereitung

Die Kalbsrückenschnitzel in einem Gefrierbeutel flach ausklopfen. Lege sie nun auf ein Brett. Mit Salz und Pfeffer würzen. Anschließend mit Senf bestreichen. Dann jeweils eine Scheibe Speck darauf legen.

Die Pfifferlinge mit einer feinen Bürste vom Schmutz befreien.

Zwiebeln schälen. In feine Würfel hacken.

Die Zubereitung

Die Margarine in einer Pfanne erhitzen. Die Zwiebeln und die Pfifferlinge darin ca. 5 Minuten anbraten. Mit Salz und Pfeffer würzen. Aus der Pfanne nehmen. Kurz abkühlen lassen. Mit dem geriebenen Käse vermengen.

Die Pilz-Zwiebel-Mischung gleichmäßig auf den Kalbsrückenschnitzel verteilen. Anschließend zusammenklappen. Jeweils mit zwei Zahnstochern verschließen. In Mehl wenden.

Ich erinnere mich noch sehr gut daran, als meine große Tochter mir das erste Mal bei der Zubereitung dieses Gerichtes geholfen hat. Sie war damals fünf oder sechs Jahre alt. Ihre Schnitzel sahen anschließend aus wie kleine Igel. Schade, dass ich kein Foto von diesem Tag hab.

In einer Pfanne das Öl erhitzen. Die bemehlten Kalbsrückenschnitzel auf beiden Seiten ca. 8 Minuten braten.

Die Kalbsrückenschnitzel von den Zahnstochern befreien. Auf Tellern anrichten.

Die Zutaten

4 Kalbsrückenschnitzel à 150 g
100 g Bauchspeckscheiben
2 rote Zwiebeln
150 g Pfifferlinge
100 g geriebener Emmentaler
1 EL Senf
1 EL Margarine
2 EL Öl
3 EL Mehl
8 Zahnstocher
Salz, Pfeffer

Rinderbraten "Hausmannsart"

Dieser Rinderbraten "Hausmannsart" hat es meinen Männern besonders angetan. Ich empfehle hierfür Kartoffelschaum. Den Kartoffelschaum kannst Du mit einem Spritzbeutel sehr schön in Form bringen.

Anstelle von Rotwein kannst Du auch mit Balsamico-Essig ablöschen. So zauberst Du einen ebenso würzigen Geschmack in das Gericht.

Die Vorbereitung

Die Rinderschulter mit Salz und Pfeffer einreiben. Mit Mehl bestäuben.

Die Karotten mit einem Sparschäler schälen. In ca. 1 cm dicke Scheiben schneiden.

Die Kartoffeln schälen. Dann in Salzwasser ca. 20 Minuten gar kochen. Anschließend abgießen. Dann durch eine Kartoffelpresse drücken.

Die Zubereitung

In einem ofenfesten Bratgefäß mit Deckel das Butterschmalz erhitzen. Das Fleisch darin rundherum knusprig anbraten. Anschließend das Fleisch aus dem Topf nehmen.

Den Ofen auf 180 °C vorheizen. Zucker im Bratfett flüssig werden lassen. Unter kräftigem Rühren mit Rotwein und Rinderfond ablöschen. Mit Wasser aufgießen.

Die Karottenscheiben hineingeben. Das Fleisch darauf legen und den Deckel schließen. Im vorgeheizten Ofen ca. 2 Stunden schmoren lassen. Das Fleisch alle 20 Minuten mit dem Bratensaft begießen. 30 Minuten vor Ende der Garzeit die Perlzwiebeln hinzufügen.

Milch aufkochen. Die kochende Milch nach und nach über die Kartoffeln gießen. Mit dem Schneebesen glatt rühren. Sahne und Butterflöckchen untermischen. Mit Salz und Muskat würzen. Verwende keine kalte Milch. Dein Kartoffelschaum ist sonst schneller kalt als Dir lieb ist.

Die Rinderschulter in Scheiben schneiden. Mit dem Gemüse an den Kartoffelschaum anrichten. Mit der Soße übergießen.

Tipp: Fleischfond aus dem Glas ist leicht verderblich. Du kannst ihn länger haltbar machen: Friere den Rest einfach in einem Eiswürfelbehälter ein. Dann kannst Du ihn bei Bedarf ganz leicht portionieren.

Die Zutaten

2 kg Rinderschulter ohne Haut und Sehnen
1 EL Mehl
2 EL Butterschmalz
2 EL Zucker
250 ml Rotwein
250 ml Rinderbratenfond
250 ml Wasser
300 g geschälte Perlzwiebeln
150 g geschälte Karotten
1 kg mehlig kochende Kartoffeln
100 ml Milch
75 ml süße Sahne
200 g Butter
Salz, gemahlene Muskatnuss

Schweinefilet in Calvadosrahm mit frischen Egerlingen

Calvados gibt dem Schweinefilet erst den richtigen Pepp. Anstelle des Calvados kannst Du auch Apfelsaft verwenden. Ein fruchtiger Apfelsaft gibt ebenso einen feinen Geschmack.

Als Dekoration für dieses Gericht eignen sich frische Kräuter aller Art. Besonders aber feinblättrige Petersilie.

Die Vorbereitung

Die Silberhaut am Schweinefilet mit einem scharfen Messer vorsichtig entfernen. Das Schweinefilet in ca. 2 cm dicke Scheiben schneiden. Mit Salz und Pfeffer würzen.

Die Zwiebel schälen. In kleine Würfel hacken.

Die Pilze waschen und vierteln.

Äpfel schälen, entkernen und vierteln. In ca. 1 cm dicke Scheiben schneiden.

Die Zubereitung

Bratfett in einer Pfanne erhitzen. Die Schweinefilets darin von jeder Seite ca. drei Minuten anbraten. Die Filets danach aus der Pfanne nehmen.

In einer anderen Bratpfanne die Butter erhitzen. Darin Zwiebel, Pilze und Äpfel zusammen anschwitzen. Mit Sahne aufgießen. Mit Salz, Pfeffer und gekörnter Brühe würzen. Das Ganze ca. 5 Minuten kochen lassen.

Die Filets in der Soße erhitzen. Zur Abrundung des Gerichtes gibst Du ca. 100 ml Calvados in die Soße.

Die Filets zusammen mit der Soße auf Tellern anrichten.

Tipp: Als Beilage empfehle ich Dir Naturreis oder knusprige Bratkartoffeln.

Die Zutaten

800 g Schweinefilet am Stück ohne Filetkopf
1 Becher süße Sahne
2 Äpfel
200 g Egerlinge oder Champignons
100 ml Calvados
1 Zwiebel
2 EL Bratfett
1 EL Butter
1 EL Schnittlauchröllchen
½ TL gekörnte Brühe
Salz, Pfeffer

MIX

Papier | Fördert
gute Waldnutzung

FSC® C083411

Zeitfracht Medien GmbH
Ferdinand-Jühlke-Straße 7
99095 Erfurt, Deutschland
produktsicherheit@kolibri360.de